LE DEUIL

LE DEUIL

HISTOIRE, RÈGLEMENTS, USAGES, MODES

D'AUTREFOIS ET D'AUJOURD'HUI

PAR

J. MARQUERIE

Propriétaire des Magasins de Deuil **LA SCABIEUSE**

10, RUE DE LA PAIX, 10

PARIS

1877

AVANT-PROPOS

Si je me décide à coordonner ces notes et à leur donner la forme d'un volume, ce n'est point pour obéir à une suggestion d'amour-propre, pour me poser en auteur et en législateur du deuil, c'est simplement pour répondre d'une façon générale, par quelques renseignements clairs et précis, aux questions qui me sont journellement adressées, non seulement par les clients de ma maison, mais aussi par les artistes, les artisans et les ouvrières qui s'occupent de l'art et de l'industrie de la décoration et du vêtement.

Il m'arrive fort souvent, on le comprendra, d'être consulté directement ou indirectement, tant sur les étoffes que sur les coupes, les façons, les accessoires et les ornements que prescrit ou que comporte l'observance d'un deuil plus ou moins complet, plus ou moins rigoureux ; naturellement, j'ai dû parfois, pour répondre à ces questions, me livrer moi-même à des études ou à des recherches spéciales ; c'est ainsi que je me suis trouvé en possession de nombreux documents que je cherche à utiliser aujourd'hui en écrivant cet opuscule, qui ira, je l'espère, au devant de toutes les demandes de renseignements.

Bien que je me sois attaché à donner à ce travail une forme aussi simple et aussi précise qu'il m'a été possible, je n'ai pas cru devoir le restreindre aux limites trop étroites d'un formulaire aride et sec ; j'ai même pensé que les lecteurs ne seraient pas moins curieux que moi des faits historiques et des anecdotes caractéristiques que j'ai été amené à recueillir en compulsant les traités spéciaux et les auteurs qui ont écrit sur la matière. J'ai jugé qu'on pouvait rendre intéressante la lecture d'un opuscule écrit sur un pareil sujet, sans, pour cela, lui rien faire perdre de son utilité pratique.

On ne s'étonnera donc pas d'y trouver une sorte d'histoire abrégée du deuil chez les anciens, quelques considérations sur les deuils de cour au moyen âge et dans les temps modernes, ainsi que sur les deuils publics.

Enfin, j'ai pensé aussi qu'on lirait avec intérêt quelques exemples des bizarreries funéraires et des modes de deuil des divers peuples plus ou moins civilisés, lesquels prouvent à quel point la façon d'exprimer la douleur est parfois une affaire de latitude.

J'ai tâché, du reste, de passer légèrement sur ces hors-d'œuvre, et je me suis surtout attaché aux détails du costume qui doit être affecté pendant les diverses phases du deuil, particulièrement aux femmes, aux enfants et aux domestiques, tant sous le rapport des étoffes que sous le rapport de la coupe, de la façon et des ornements.

En somme, j'ai cherché à être utile au lecteur et en même temps à l'intéresser en écrivant sur un sujet fort triste et quelque peu aride en lui-même. C'est à lui de juger si j'ai atteint ce but.

On me pardonnera, je l'espère, d'avoir parsemé cette étude d'anecdotes caractéristiques et d'avoir ainsi cherché à jeter quelques agréments dans un sujet qui n'en comporte guère. J'aurais pu, comme on dit, mettre des pleureuses à mon style, si je ne m'étais souvenu à temps d'une recommandation qu'une femme, bien sérieuse et fort sévère, Mme de Maintenon, adressait à une dame de Saint-Cyr : « Adieu, ma chère fille, réjouissez-vous au Seigneur, saint Paul le recommande souvent, tous les gens de bien sont ennemis de la tristesse, il n'y a que les scélérats qui aiment à s'y abandonner. »

LE DEUIL

LOIS, USAGES, MŒURS ET COUTUMES

I

DU DEUIL EN GÉNÉRAL ; DÉFINITION ; ORIGINE ET ÉTYMOLOGIE.

D'après le Dictionnaire de Littré, le mot DEUIL n'a pas moins de neuf significations diverses.

1° La tristesse causée par une grande calamité ou par la perte d'une personne chère ; 2° pris au figuré, il s'applique à la nature dépouillée de végétation et privée de soleil ; 3° il se dit des signes extérieurs du deuil ; 4° il se dit également de la couleur affectée au

1*

deuil; 5° des dépenses affectées au deuil ;
6° du temps consacré au deuil ; 7° du cortége
qui suit le convoi dans les funérailles ; 8° des
tentures d'une église, d'une porte, d'un appartement ; 9° enfin, en entomologie, on donne
les noms de *grand deuil, demi-deuil, petit
deuil,* à diverses sortes de papillons noirs et
blancs.

La plupart des étymologistes font dériver le
mot français du mot latin *dolium*, évidem-
ment dérivé lui-même du mot *dolor* (douleur),
dolere (souffrir), dont on avait fait, dans la
langue française du moyen âge, le verbe si
expressif, mais malheureusement tombé en
désuétude, *se douloir*. Beaumarchais fait encore
dire à Basile, au deuxième acte du *Barbier de
Séville* : « Et faut bien que ça soit vrai, car
j'ai commencé à me douloir dans tous les
membres. » *Dolium* est même employé dans
la basse latinité comme synonyme de *dolor,* et
Plaute l'a appliqué à la composition d'un mot
original, *cordolium* pour *dolor cordis* (douleur
de cœur).

Quoi qu'il en soit, nous croyons que, dans

le sens contemporain, on peut définir le deuil ainsi :

La manifestation extérieure des regrets que nous fait éprouver la perte d'une personne aimée, ou de la douleur que nous éprouvons dans certaines circonstances malheureuses.

Mais il est évident que si tous les hommes sont également accessibles à la douleur, tous ne manifestent pas par les mêmes signes les sentiments dont ils sont affectés, que l'expression de cette douleur, que les emblèmes qui en sont le témoignage extérieur se modifient suivant les temps et les usages, que, par conséquent, le deuil a dû s'empreindre du cachet particulier des mœurs privées, politiques et religieuses des différents peuples, aux époques diverses de l'histoire.

Tantôt il consiste en pratiques pieuses, soit intérieures, soit publiques, soit isolées, soit périodiques ; tantôt, comme en France, dans les temps modernes, ses lois ne s'appliquent qu'au costume des personnes, à la décoration des appartements et à la couleur ou l'ornementation de certains objets mobiliers. Nous disons ses lois, parce que, s'il est vrai que les codes soient muets sur cet article, le deuil n'en est pas moins un de ces usages tellement implantés dans les mœurs, qu'ils sont aussi obligatoires pour tous que s'ils étaient inscrits dans la législation.

C'est une de ces matières à propos desquelles on pourrait presque dire que les mœurs priment la loi.

Or, s'il est de principe, en fait de code légal, que tout le monde est censé connaître la loi, il est certain aussi, en fait de codes des usages, et particulièrement de code de deuil, que chacun est censé ne pas ignorer au moins ses prescriptions générales et élémentaires, que chacun doit vouloir s'initier et se conformer aux règles et aux modes consacrées par les mœurs.

C'est cette initiation que nous nous proposons, à l'aide de ce petit livre, de faciliter aux innombrables familles qui considèrent la fidèle observance du deuil comme l'accomplissement d'un pieux devoir, non-seulement envers les mânes des morts, mais encore envers la société,

Mais, avant d'en venir à ce guide du deuil tel que le commandent les mœurs contemporaines, il convient, croyons-nous, de jeter un rapide coup d'œil sur ce que fut le deuil chez les anciens et parmi les générations françaises qui nous ont précédés.

II

LE DEUIL DANS L'ANTIQUITÉ.

Les Hébreux, — les Égyptiens, — les Lydiens, — les Syriens,
— les Perses, — les Grecs, — les Romains.

Dans tous les temps, ainsi que nous l'avons dit, l'homme, dès qu'il fut groupé en société, fut porté à manifester la douleur que lui faisaient éprouver, soit les événements sinistres, soit la perte des personnes chères, par des signes extérieurs et, pour ainsi dire, publics ; ces signes de deuil, en même temps qu'ils étaient destinés à honorer ceux dont le souvenir motivait ce témoignage de regret, semblaient aussi concourir à exciter la commisération et le respect des personnes étrangères pour les affligés eux-mêmes.

Telle est encore, du reste, une des significations vraiment chrétiennes, humaines même, du deuil intérieur.

« Passants, disent la robe et le bonnet de crêpe de la veuve et de l'orpheline, ayez égard à ma douleur ; ne la troublez pas par l'explosion de vos joies, par le spectacle de votre bonheur, par le bruit de vos plaisirs. Rappelez-vous que, vous aussi, vous avez porté le deuil, ou, si vous n'en avez point encore eu à porter, songez qu'un jour viendra, demain peut-être ! où, vous aussi, vous aurez à pleurer et à honorer un être aimé, — car, au deuil comme à la tombe, on peut appliquer le vieux dicton latin : *Hodie mihi, cras tibi !* — Respectez donc mon deuil comme vous voudrez que je respecte le vôtre, et souvenez-vous du plus humain des préceptes de l'Évangile : « Agis « envers autrui comme tu voudrais qu'on agît « envers toi ! »

Chez les Hébreux, les pratiques du deuil étaient aussi multiples, aussi diverses que sa durée. L'histoire nous dit que Judith et Anne la prophétesse continuèrent jusqu'à la fin de leur vie leur deuil de veuves. Le deuil auquel donna lieu la mort du patriarche Jacob dura soixante-dix jours. A l'égard d'Aaron et de

Moïse, leur deuil dura un mois. En général, le deuil d'un mort, proche parent, durait sept jours. On comprendra que cette durée ne put être fort prolongée, quand on connaîtra la rigueur des pratiques que comportait le deuil hébreu.

Ainsi, pendant tout le temps du deuil, ceux qui le célébraient demeuraient enfermés, assis sur la terre ou couchés sur la cendre, observant le silence le plus absolu, qu'interrompaient seulement leurs gémissements ou des cantiques lugubres. Le jeûne était un des éléments du deuil ; ceux qui ne pouvaient supporter une abstinence complète ne devaient manger qu'après le coucher du soleil, et borner leur repas au pain, aux légumes les plus vulgaires et aux viandes les plus communes, qu'il ne leur était permis d'arroser que d'eau claire.

Aux Hébreux en deuil il était interdit de s'oindre et de se laver ; il leur fallait porter des vêtements sales et déchirés, et, s'ils n'en avaient pas d'assez malpropres, s'enfermer dans des *sacs*, c'est-à-dire dans des sortes de fourreaux étroits et dépourvus de plis, entravant tous les mouvements du corps ; les pieds restaient nus ainsi que la tête, mais le visage devait être couvert. Quelques-uns, cependant, s'enveloppaient entièrement le corps, y compris la tête, dans un manteau, afin de ne point voir la lumière du jour et de cacher leurs larmes.

*
* *

Le deuil le plus important chez les Egyptiens était celui que provoquait la mort des rois. Il était pratiqué par l'Eypte tout entière.

Soixante-douze jours durant, les temples étaient fermés, les sacrifices suspendus ainsi que les fêtes. Deux ou trois cents individus, hommes et femmes, se couvraient la tête de boue, se frappaient violemment la poitrine, et chantaient deux fois par jour des hymnes funèbres, célébrant les vertus du monarque décédé.

La mort d'un parent ou d'un ami donnaient lieu à des manifestations extérieures non moins excessives. Les hommes se couvraient la tête de poussière et de cendres, se frappaient la poitrine, et, pendant toute la durée du deuil, laissaient croître leurs cheveux, portaient des vêtements de couleur jaune ou feuille morte, sales et négligés, renonçaient à l'usage des bains et des ablutions, s'abstenaient de mets recherchés et délicats, ainsi que de vin. Les femmes poussaient encore plus loin la manifestation de leur douleur : oubliant le soin de leur beauté, rompant même avec les ménagements de la pudeur, elles se souillaient la tête de fange, se découvraient la poitrine pour la frapper, et couraient à travers les rues et les places publiques en faisant retentir l'air de leurs lamentations.

Chez les Lyciens, l'affliction et le deuil étaient regardés comme des faiblesses indignes d'un homme ; aussi la loi astreignait-elle ceux qui voulaient porter le deuil de leurs proches à s'habiller en femmes.

Les Syriens n'admettaient pas que la douleur

dût se manifester en public ; ils se retiraient dans les lieux les plus solitaires pour y pleurer leurs morts sans être troublés.

Par une singularité bizarre, une des principales pratiques du deuil chez les Perses consistait à couper les crins de leurs chevaux, raser toute leur famille et tous leurs animaux ; eux-mêmes s'habillaient en vêtements bruns.

*
* *

Les Grecs venaient-ils à perdre un ami ou à avoir quelque autre sujet de grande affliction, ils manifestaient leur douleur, non-seulement par la couleur blanche, par la grossièreté du tissu de leurs vêtements et par la suppression de tout luxe de parure, de tout ornement riche ou précieux, de tous joyaux d'or et de pierreries, mais encore par la destruction ou par la négligence d'un des principaux et des plus chers éléments de leur beauté physique, leur chevelure, qu'ils avaient l'habitude de laisser croître et de soigner avec une complaisance si minutieuse. Souvent, ils la coupaient ou la rasait même entièrement, soit pour la placer sur le corps du défunt, soit pour la jeter au milieu du bûcher qui allait consumer sa dépouille mortelle, soit, enfin, pour la déposer dans le lieu où les cendres étaient conservées. Le sacrifice de la chevelure était même considéré comme un devoir pieux, pour tous les citoyens, lorsqu'ils avaient à déplorer la mort d'un grand homme. On croyait ainsi lui donner le plus éclatant témoignage de regret, apaiser ses mânes et honorer ses vertus.

Pendant le deuil, les Grecs cessaient de prendre part aux banquets et d'assister aux jeux publics ; ils éloignaient de leurs demeures les instruments de musique et tout ce qui se rattachait à l'idée de fête, de plaisirs, de réjouissance ; ils se retiraient dans l'intérieur de leurs maisons et se privaient de toutes les superfluités qui contribuent à l'agrément de la vie ; le vin même, comme excitant à la gaieté, était proscrit de leurs repas frugaux ; enfin, la plupart semblaient fuir la lumière du jour et chercher l'ombre et la solitude, pour dérober le spectacle de leur affliction à tous les regards tandis que d'autres, comme égarés, enivrés en quelque sorte par l'excès de la douleur, sortaient de chez eux, les vêtements en désordre, et en proie au délire, se roulaient dans la poussière, se couvraient la tête de cendre, l'enveloppaient dans leurs manteaux, et, marchant à pas précipités et incertains, se frappaient la poitrine avec violence et se déchiraient le visage avec leurs ongles. Tels étaient les transports dans lesquels le deuil les jetait, qu'ils allaient parfois jusqu'à la fureur; que, dans leurs imprécations, ils s'en prenaient aux dieux mêmes, qu'ils accusaient d'envie ou de haine vengeresse contre les mortels, et dont ils bouleversaient les temples. Solon fut obligé d'interdire les manifestations excessives, condamnées par la raison et de nature à troubler l'ordre public. Les femmes, plus exaltées que les hommes, apportaient, s'il est possible, encore, plus de passion qu'eux dans leurs manifestations extérieures de deuil.

Les Lacédémoniens, qui supportaient avec un courage stoïque la perte de leurs proches et de leurs amis, et se livraient à peine, à cette occasion, à quelques pratiques sobres de deuil extérieur, célébraient le deuil de leurs rois en se rassemblant tous, hommes, femmes et enfants, sur la place publique, et en se déchirant le front à coups d'aiguilles.

En général, dans les diverses provinces de la Grèce, la mort des personnages de haut rang et des hommes revêtus de fonctions importantes étaient, ainsi que les calamités publiques, l'occasion d'un deuil civique, pendant lequel les assemblées étaient suspendues, les lieux d'exercices, les bains, les temples, les boutiques, fermés; les places et les rues restaient à peu près désertes.

A Argos, c'était en s'habillant de blanc et en donnant de grands festins qu'on célébrait le deuil.

A Rome, le deuil subit l'influence des changements de forme du gouvernement. Numa Pompilius avait fixé la durée des grands deuils à un an, et interdit de porter le deuil des enfants morts avant l'âge de trois ans. Sous le régime républicain, la durée se borna à dix mois. Tibère défendit de prendre le deuil des condamnés à mort. Les empereurs Gratien, Valentinien et Théodose rétablirent la durée d'un an pour les grands deuils, particulièrement pour les deuils des maris portés par les femmes, et déclarèrent entachées d'infamie et privées de la succession de l'époux décédé les femmes qui se remarieraient avant l'expiration d'une année révolue depuis la mort du mari.

En ce qui concerne les vêtements, les femmes portaient le deuil en noir sous la République; sous les empereurs, elles le portèrent en blanc; toutefois, si l'on en croit Caton et Servius, les femmes auraient, pendant le deuil, quitté leurs vêtements de pourpre pour en prendre de couleur bleue. Ce qui paraît certain, c'est qu'elles renonçaient à tous les ornements et aux bijoux et affectaient une grande négligence dans leur toilette.

Quant aux hommes, leur deuil se signalait généralement par des habillements noirs; ils déposaient leurs anneaux d'or et laissaient

croître leurs cheveux et leur barbe ; les séna-
teurs et les magistrats se dépouillaient de leur
laticlave et de toutes les autres marques de
leur dignité. Tous étaient vêtus comme les
plébéiens ; les consuls ne s'asseyaient plus à
leur tribunal ni dans leurs chaises curules pour
rendre la justice, mais sur les siéges des pré-
teurs ou dans les bancs des tribuns du peuple.

Les deuils publics étaient ceux qu'on obser-
vait avec le plus de rigueur ; pendant leur
durée, le Forum et les tavernes étaient fermés ; aussi en abrégeait-on quelquefois le
temps, pour divers motifs, dont les principaux
étaient la dédicace d'un temple, la clôture du
lustre (période de cinq années), l'accomplissement d'un vœu public.

Il arrivait aussi qu'on abrégeât la durée des
deuils privés à l'occasion d'un événement
heureux survenant dans la famille : la naissance d'un enfant, quelques honneurs accor-
dés à la famille, le retour de captivité d'un
père, d'un fils, d'un époux ou d'un frère, un
mariage, la naissance d'un parent plus proche que celui dont on portait le deuil, des

compliments de félicitation à faire, la célébration des mystères de Cérès, des jeux solennels ou des saturnales.

Tant que durait le deuil, ceux qui le pratiquaient ne devaient point sortir de leur maison, et, pendant les premiers jours de leur libération, ils se tenaient éloignés des festins, des assemblées et des fêtes publiques.

III

LES DEUILS BIZARRES.

Chez différents peuples, tels que les habitants de la Corée, du Tonquin, de la Mingrélie, de certaines contrées de l'Amérique du Nord, etc., le deuil donne lieu à des pratiques étranges : les uns s'abstiennent de toute cohabitation avec leurs femmes, et considèrent comme illégitimes les enfants conçus pendant la durée du deuil ; les autres demeurent éloignés de leurs habitations pendant une année entière, couchent par terre et se condamnent à l'abstinence la plus rigoureuse ; tels cachent avec soin tous les objets qui ont servi ou appartenu aux défunts, et jugent que c'est commettre un crime sacrilége et outrager leur mémoire que de prononcer leurs noms ; il en est enfin qui manifestent leur affliction et croient faire honneur à leurs morts en restant à moitié nus pendant plusieurs semaines.

*
* *

Citons quelques exemples de deuils bizarres :

Les Chinois, en deuil, s'habillent de grosse toile blanche, coupent leur queue et passent trois mois à se lamenter et à pleurer. Le magistrat en deuil cesse d'exercer ses fonctions, le plaideur suspend ses procès. Les jeunes gens vivent dans la retraite, ne peuvent se marier qu'au bout de trois ans et n'écrivent qu'à l'encre bleue pendant un an.

*
* *

Le deuil des Caraïbes consiste à se couper les cheveux et à jeûner rigoureusement jusqu'à ce que le corps du défunt soit en putréfaction. Ce terme arrivé, ils se livrent à la débauche et chassent la tristesse au moyen des ivresses de l'orgie.

*
* *

— Plusieurs tribus d'Indiens d'Amérique avaient, avant leur conversion aux mœurs de la civilisation, des pratiques de deuil assez singulières. La durée et l'importance du deuil étaient, pour ainsi dire, proportionnées à l'âge du mort. A peine faisait-on aux vieillards l'honneur de quelques larmes, mais on se montrait inconsolable de la mort des enfants ; le deuil des enfants n'était pas seulement familial, il était en quelque sorte communal ou cantonal, car il était célébré par tous les habitants du district auquel appartenait le jeune défunt. Le jour de la mort du petit être regretté, personne n'osait approcher des parents, qui faisaient dans leur maison un vacarme épouvantable, se livraient à des transports de fureur, hurlant comme des désespérés, s'arrachant les cheveux, se mordant, se labourant le corps de profondes égratignures. Le lendemain ils se prosternaient sur leurs lits, qu'ils arrosaient de torrents de larmes ; enfin, le troisième jour, ils faisaient trève aux pleurs pour pousser des

gémissements et articuler des lamentations
qui ne prenaient fin qu'après une année ex-
pirée. Pendant cette année, le père et la mère
de l'enfant mort s'abstenaient de se laver.
Tous les habitants du canton manifestaient la
part qu'ils prenaient à la douleur des parents
en pleurant trois fois par jour, jusqu'au mo-
ment où le corps disparaissait de la surface de
la terre.

Les usages du deuil chez les Juifs rigoristes
sont assez curieux pour mériter de trouver
place ici.

Le grand deuil dure un an ; il est consacré
à honorer la mémoire d'un père ou d'une
mère. Les enfants du mort ne s'habillent pas de
noir, mais ils sont astreints à porter, pendant
une année, les vêtements qu'ils avaient à la
mort de leur père ou de leur mère, sans qu'il
leur soit permis d'en changer, si déchirés et
si malpropres qu'ils soient. Tous les ans, ils jeû-
nent pendant toute la journée anniversaire de
la mort du père ou de la mère.

Le deuil moyen dure un mois ; il se pratique à l'occasion de la mort des enfants, des frères et sœurs, des oncles et tantes. Le deuil interdit de se laver, de se parfumer, de se raser la barbe, de se couper les ongles et de manger en famille.

Le petit deuil dure sept jours et est consacré à la perte du mari par la femme, ou de la femme par le mari. Aussitôt après la cérémonie des funérailles, l'époux survivant rentre chez lui, se lave les mains, ôte ses chaussures, s'assied à terre, et demeure dans cette position, pleurant et gémissant, s'abstenant de tout travail et de toute occupation jusqu'à l'expiration du septième jour.

Quant à la couleur des vêtements de deuil, elle varie suivant les latitudes, les époques et surtout suivant l'idée que les survivants se font de la mort. Les anciens païens croyaient que les âmes, après la mort, allaient dans le sombre empire ; c'est peut-être par suite de cette idée, dit Saint-Foix, qu'ils adoptèrent pour le deuil la couleur noire ; et encore avons-nous vu précédemment que, sous les Romains, les femmes portaient le deuil en blanc.

Les Chinois et les Siamois, qui estiment que les morts deviennent des génies bienfaisants, portent le deuil en blanc.

En Turquie, on porte le deuil en bleu ou en violet ; les Ethiopiens le portaient en gris. Lorsque les Espagnols pénétrèrent dans le Pérou, ils constatèrent que les indigènes portait le deuil en gris de souris. Au Japon, le noir est la couleur de la joie, et le blanc l'expression du deuil. En Castille, le deuil fut longtemps porté en serge blanche.

IV

LE DEUIL EN FRANCE.

Moyen âge. — Deuils de cour.

En France, le deuil de cour fut porté en blanc jusqu'au commencement du XVI° siècle. Ce fut Anne de Bretagne qui substitua le noir au blanc dans le deuil de son premier mari, Charles VIII ; toutefois, elle porta pour ceinture une cordelière de soie blanche ; ses armes étaient entourées d'une cordelière pareille, nouée en quatre endroits et enlacée de quatre lacs d'amour, afin de témoigner publiquement son amour conjugal, ce qui ne l'empêcha pas, l'année suivante, d'épouser Louis XII, cousin et successeur de son premier époux.

On verra par la suite quelles autres modifications furent apportées à la couleur du deuil français.

**

Voici, du reste, d'après le savant et intéressant ouvrage dans lequel M. Augustin Challamel nous donne un tableau si saisissant et si exact des mœurs de la nation française depuis ses origines jusqu'à la Révolution de 1789 ([1]), quels étaient les usages du deuil en France au moyen âge, avant la réforme introduite par Anne de Bretagne :

« Le roi, eût-il perdu son père, ne portait jamais le deuil en noir, mais en rouge ou en violet. La reine le portait en blanc, lors d'un veuvage; elle devait garder tel quel pendant une année l'intérieur de ses appartements, dont les diverses salles étaient, selon l'usage, tendues de noir. Ce costume de deuil en blanc faisait donner aux reines veuves le nom de « reines blanches. » Aussi, dans plusieurs endroits, existait-il des « maisons de reines

---

([1]) *Mémoires du Peuple français*, par Augustin Challamel. 8 vol. in-8. Paris, Hachette, 1872.

blanches » , où l'on a cru faussement que Blanche de Castille avait habité.

« En grand deuil, comme de mari ou de père, on ne mettait ni joyaux ni soie. La tête était couverte de coiffures noires, basses et à brides traînantes nommées *chaperons, bar-bettes, courre-chefs et tourets*. Les duchesses et baronnesses gardaient la chambre pendant six semaines. Pendant tout ce temps, les premières, lorsqu'il s'agissait d'un grand deuil, restaient couchées, le jour, sur un lit couvert de draps blancs ; les secondes, au bout de neuf jours, se levaient, et, jusqu'au terme commun, devaient se tenir assises devant le lit, sur un drap noir.

« Les dames n'allaient point aux services funèbres de leurs maris, mais elles assistaient à ceux de leurs père et mère. Pour un frère aîné, on portait le même deuil que pour le père, mais on ne se couchait point. »

Maintenant, si nous voulons savoir ce que fut l'étiquette de deuil au XVe siècle, consultons les *Mémoires de la vicomtesse de Furnes,* qui nous dit, dans les *Honneurs de la cour,* que le roi de France ne porte jamais le deuil en noir, témoin le roi Louis XI, qui porta le deuil de Charles VII, son père, avec des vêtements de couleur écarlate ; — elle entre ensuite dans les détails les plus minutieux sur le deuil de la cour de Bourgogne, — *deuil que toutes princesses et autres doibvent porter pour leurs maris, pères et mères et parents.*

« J'ay ouy dire que la royne de France doibt demeurer un an entier sans partir de sa chambre, là où on luy dit la mort du roy, son marit ; mais la façon des robbes et manteaux, pour porter deuil, est aultre en France que par deçà ; car en France, ils portent les longs draps, icy point.

« Et chacun doibt sçavoir que la chambre de la royne doibt estre toute tendue de noir et les salles tapissées de drap noir, comme il appartient.

« Toutefois un roy de France ne porte jamais noir en deuil, quand seroit de son père, mais son deuil est d'estre habillé tout en rouge, et manteau, et robbe, et chapperon; mais la royne porte le deuil comme j'ay ouy dire.

« Mme de Charolois, fille du duc de Bourgogne; son père estoit trespassé; incontinent qu'elle sceut la mort, elle demeura en sa chambre six semaines, et estoit tousjours couchée sur un lict couvert de drap blancq de toille, et appuyée d'oreillers; mais elle avoit mis sa barbette et son manteau et son chapperon, lesquels estoient fourrez de menu vair, et avoit ledit manteau une longue queue aux bords devant le chapperon, une paulme de large, le menu vair estoit crespé dehors.

« La chambre estoit toute tendue de drap noir, en lieu de tapis velu; et devant ladiste chambre où Madame se tenoit, y avoit une autre grande chambre ou salle pareillement tendue de drap noir.

« Quand Madame estoit en son particulier, elle n'estoit point tousjours couchée, ni en une chambre.

« Item, en grand deuil, comme de mari ou de père, on ne souloit porter ny verge, ny gants ez mains.

« Et si faut savoir que la robbe est aussi à queue fourrée de menu vair, et le poil qui passe en hault et bas, le gris est osté et ne voit oncque le blancq ; et durant qu'on porte barbette et mantelet, il ne faut porter nulles ceintures ne ruban de soie, ne autre que ce soit.

« Item, quand Mme de Charolois sçut la mort de son père, on fit pour luy un beau service en l'église de Cauberghe, à Bruxelles ; là estoient le duc Philippe et Mme la duchesse, et Madame y alla aussi, qui marchoit devant Mme la duchesse ôtant son manteau et chapperon, et l'addextroit M. de Croy, et encore un autre ; mais j'ay oublié qui c'estoit ; et quand le service fut faict, elle ne vuïda plus sa chambre, jusques les six semaines furent passées.

« Et ainsy doibvent faire toutes aultres princesses ; mais les banneresses ne doibvent être que de neuf jours sur le lict pour père et mère, et le surplus des six semaines assises devant leur lict, sur un grand drap noir ; mais pour marit elles doibvent coucher six semaines, et si la princesse du pays les vient veoir, elles se doibvent lever de leur lict ; mais pour vuïder leur chambre et pour aultre, point, sy elles n'estoient aussi grandes.

« Les dames ne doibvent point aller au service de leurs marits, s'il ne se fait après les six semaines ; aussy ne font les princesses, mais pour mère et mère, ouy.

« Item, pour le frère aisné l'on porte tel deuil que pour père et mère, et tient-on chambre six semaines ; mais l'on ne couche point.

« Item, pour aultres frères et sœurs, on ne porte que la barbette et le couvre-chef dessus. Généralement, pour oncles et cousins germains, le mantelet ; pour issus de germain, le touret et le noir.

« Et est à sçavoir que pour marit on portera demy an le manteau et chapperon, trois mois la barbette et le couvre-chef dessus, trois mois le mantelet, trois mois le touret et trois mois le vair, et tousjours robbes fourrées de menu noir ; au temps passé, on ne le portoit qu'un an ; mais il me semble que pour marits on le doit porter deux, si l'on ne se remarie.

« Item, pour père et mère, un an ; pour aisné frère l'on dit un an, mais peu le portent si longuement ; pour aultres frères, sœurs et aultres amis, demy an, trois mois, selon que le cas se requiert.

« Item, si une dame banneresse demeure veufve estant grosse, quand elle accouche, elle doibt faire tendre sa chambre toute de noir, et sur son lict un drap blancq, et le dressoir couvert de nappes, comme il appartient, sans vaisselle ; mais une petite tablette auprès le dressoir à un coing, là où le vin et les espices sont dessus.

« J'ay veu du temps passé que princes et grands nobles gens, quand on faisoit le service de leurs parents, ils avoient queue d'une aulne où de trois quartiers, et les cornettes de leurs chapperons aussy longues ; mais maintenant l'on porte toutes courtes cornettes, **et aussy bien les princesses que les aultres.** »

V

LE DEUIL SOUS LOUIS XIV.

Dans ce siècle où, plus qu'à aucune autre
époque, les mœurs de la noblesse, de la bourgeoisie et de la nation tout entière se modelè-
rent sur celles de la cour, les lois, les règles
et les usages du deuil furent aussi mobiles
que les volontés et le bon plaisir du grand roi
en matière d'étiquette. C'est ce qui explique
cette phrase de Mme de Sévigné : « Il faut
pleurer d'être dans un pays où l'on porte le
deuil si burlesquement. »

Il suffit, du reste, de consulter les *Mémoires
de Saint-Simon* pour se faire une idée de la
mobilité de cette étiquette qui changeait suivant le plus ou moins de sympathie du roi
pour la famille du défunt, ses idées ou ses
intérêts politiques, suivant les saisons, les cir-

constances, suivant parfois l'humeur ou la santé du maître.

C'est ainsi que, en 1695, lors de la mort de la princesse d'Orange, le roi d'Angleterre ayant prié Louis XIV qu'on ne prît point le deuil, celui-ci le défendit non-seulement à la cour, mais aussi à MM. de Bouillon, de Duras et à tous ceux qui étaient parents du prince d'Orange. « On obéit et on se tut, dit Saint-Simon, mais on trouva cette vengeance petite. »

Parfois cependant S. M. daignait avoir des scrupules. Ainsi nous lisons un peu plus loin : « M. le duc de Conti perdit son fils, le duc de la Roche-sur-Yon, qui n'avait que quatre ans. Le roi en prit le deuil en noir. Il ne portait pas le deuil des enfants au-dessous de sept ans, et on ne l'avait pas porté de ceux de lui et de la reine, mais pour relever les bâtards il avait voulu faire cet honneur-là à M. du Maine pour un des siens, et n'*osa* pas après cela ne le pas prendre de ceux de princes du sang. » Il en fut de même lorsque le prince de Conti perdit son second fils à l'âge de sept mois.

Un jour, il eut la fantaisie de prendre le deuil du fils de l'électeur de Bavière et, peu de temps après, du duc Maximilien, oncle du même prince, uniquement pour *gratifier*, suivant l'heureuse expression de Saint-Simon, l'Electeur, qui avait l'honneur d'être beau-frère de Monseigneur, mais qui n'avait avec le roi qu'une parenté fort éloignée.

Vers la même époque, le duc de Bretagne étant mort presque subitement, le roi ne prit point le deuil, quoique Monseigneur le duc et Madame la duchesse de Bourgogne, qui en éprouvaient une profonde affliction, M. le duc de Berry et toute la cour portassent le deuil, comme d'un frère.

Autre bizarrerie : l'empereur Léopold mourut à Vienne le 5 mai; ce n'est que le 30 juin suivant que le roi des Romains en fit part au roi. Aussi le roi ne *drapa* point, quoique beau-frère, prit le deuil en violet, et le compta, pour la durée, du jour de la mort de l'empereur.

**

Nous trouvons encore dans Saint-Simon une anecdote qui donnera une idée de la mobilité de l'étiquette en matière de deuil et des singulières compétitions que soulevaient les priviléges de certaines couleurs.

« Lorsque la célèbre Mme des Ursins perdit son mari ; elle prétendit la distinction de draper en violet. Le cardinal de Bouillon, qui était alors à Rome et qui jusqu'alors avait été très-intimement avec elle, prit cette prétention avec une très-grande hauteur, et s'en brouilla irréconciliablement avec elle. Il avait, dans sa faveur, introduit cet usage en France pour les cardinaux ; à la fin Monsieur se fâcha de ne voir que le roi et les cardinaux drapés en violet, tandis que les fils de France, le Dauphin même, et la Reine, quand il y en avait une, ne l'était qu'en noir. Il en parla si souvent au roi qu'à la fin, à je ne sais plus quel deuil où il drapa, il défendit au cardinal de Bouillon et aux autres cardinaux de draper en violet. Le cardinal de Bouillon, outré et ne pouvant soutenir un usage si nouveau, si peu fondé, si supérieur à celui de la reine-mère et des fils de France, fit un effort de crédit pour n'avoir pas au moins à son avis de démenti entier, et obtint que les cardinaux ne draperaient plus, ni pour deuils de cour, ni pour ceux de famille, et, depuis cette époque, aucun n'a drapé en France. Pour la livrée, celle du roi étant en noir lorsqu'il drape, le cardinal de Bouillon avait laissé la sienne et celles de ses confrères en noir, et, lorsqu'ils devaient draper, ils continuaient d'habiller de noir toute leur livrée. »

Lors de la mort de Monsieur, frère du roi, en 1701, Louis XIV drapa six mois et fit tous les frais de la superpe pompe funèbre. Le lundi, 13 juin, toute la cour parut en long manteau devant lui.

A la mort de Guillaume III, roi d'Angleterre (mars 1702), Louis XIV déclara « qu'il n'en prendrait pas le deuil, et il défendit aux ducs de Bouillon, aux maréchaux de Duras et de Lorges et, par eux, à tous les parents, de le porter, chose dont il n'y avait pas encore eu d'exemple. »

Quand Mme de Maintenon perdit son frère, d'Aubigné, « le roi, qui haïssait tout ce qui était lugubre, ne voulut pas que Mme de Maintenon drapât, comme on faisait encore alors pour les frères et les sœurs, non pas même que ses valets de chambre ni ses femmes fussent vêtus de noir, et elle-même en porta un deuil fort léger et fort court. »

On n'en finirait pas si l'on voulait citer toutes les pages où Saint-Simon rapporte les règlements et les ordres de deuil les plus variés et les plus surprenants, comme pour prouver que si le grand roi put être comparé au soleil pour immutabilité à certains égards, ce ne fut toujours pas en fait d'étiquette funèbre.

Ici c'est le deuil de M. le duc de Bourgogne,

réglé comme un deuil de père, où l'on voit le roi en habit ordinaire recevoir dans ses cabinets les princes, princesses, etc., « tous en grands manteaux et en mantes, hors les veuves qui n'en portent point et n'ont que le petit voile; tout Paris, vêtu d'enterrement, emplissait les salons. La mante et le grand manteau, ajoute Saint-Simon avec une certaine amertume, étaient une distinction réservée aux gens d'une certaine qualité, mais elle disparaissait avec tant d'autres, jusque-là qu'il en passa devant le roi, que personne même de la cour ne put dire qui c'était. »

Autre anomalie, encore plus bizarre, à l'occasion des deuils de M. le Dauphin, fils du précédent, et de sa femme.

« Pour comble de singularité, nous conte Saint-Simon, le roi, qui avait voulu, à la mort de Monseigneur, que les personnes qui drapent lorsqu'il drape, drapassent, quoiqu'il ne portât point ce deuil, ne voulut point que personne drapât pour M. le Dauphin et Mme la

Dauphine, excepté M. le duc et Mme la duchesse de Berry. Comme leur maison drapait à cause d'eux, cela fit une question sur Mme de Saint-Simon, dame de la duchesse de Berry, et qui prétendait ne point draper, et eux désirant qu'elle drapât, et s'appuyant sur l'exemple des duchesses de Ventadour et de Brancas chez Madame. On y répondit que celles-là, étant séparées de corps et de biens avec leurs maris, avaient leurs équipages à elles, au lieu que Mme de Saint-Simon et moi vivions et avions toujours vécu ensemble, qui est le cas que les équipages de la femme appartiennent au mari. Là-dessus, grande négociation. Ils prenaient cette draperie à l'honneur de M. le duc et de Mme la duchesse de Berry, nous la demandant avec tant d'instances, par amitié, comme une chose qui les touchait sensible-ment, qu'il fallut enfin avoir cette complai-sance ; tellement que notre maison fut mi-partie, tout ce qui était à moi ou en commun sans deuil, et en noir tout ce qui était à Mme de Saint-Simon, ce qui était fort ridi-cule. »

***

Une dernière citation des *Mémoires de Saint-Simon* nous donnera une idée de ce qu'étaient, sous Louis XIV, les costumes de grand deuil.

Il s'agit du deuil porté en 1710 à la suite de la mort de M. le duc. « Mme la duchesse nous dit en termes un peu vifs l'énergique historien, avec ses manières larmoyantes, arracha au roi et assez malgré lui, tardivement et de mauvaise grâce, trente mille écus de pension. Monseigneur, transporté de joie, lui en alla apprendre la nouvelle ; alors les larmes s'essuyèrent et la belle humeur revint tout à fait. Elle vit tout le monde en cérémonie. Elle était sur son lit en robe de veuve, bordée et doublée d'hermines, pareil à celui des duchesses veuves et, comme elles, ayant le couvre-chef. C'est une coiffure singulière, basse, de simple toile de Hollande, qui enveloppe la tête sans rien autre par dessus, qui tombe amplement sur les épaules qu'elle enveloppe aussi, et qui est fort longue, mais plus courte de beaucoup que la queue herminée de la robe, et dont la longueur est proportionnée sur celle de la queue. Les duchesses sont les dernières qui aient droit de l'une et de l'autre. La queue de la reine est de onze aunes, les filles de France en ont neuf, les petites-filles de France sept, les princesses du sang cinq, les duchesses trois. L'invention du rang de petites-filles de France a fait croître la queue de la reine et celle des filles de France chacune de deux aunes. Les queues sans deuil, aux mariages du roi ou autres pareilles cérémonies, sont de la même longueur pour les mêmes, qui, alors, au lieu du couvre-chef des mêmes en veuves, ont une mante qui est une gaze ou un réseau d'or ou d'argent attaché au derrière de la tête, qui se rattache sur les épaules, tombe à terre sur la queue et la dépasse un peu, mais bien plus étroite, et qui même ne cache pas la taille.

« M. le duc en manteau, reçut aussi les visites dans l'appartement de feu M. le duc. Il y avait à la porte de l'un et de l'autre des piles de mantes de deuil et de manteaux longs, desquels personne ne fut exempt. Ceux qui en avaient de chez eux et ceux qui n'en prirent qu'à la porte, hommes et femmes, en usèrent avec la même affectation d'indécence qu'on avait remarquée aux visites de la mort de M. le Prince. M. le duc ni Mme la duchesse ne firent pas semblant de s'en apercevoir. M. le duc reçut tout le monde debout, et conduisit exactement tous les ducs et tous les princes étrangers jusqu'à la dernière extrémité de son appartement. M. du Maine de même, qu'on vit aussi en manteau, et Mme du Maine en mante, et qui y furent aussi légers sur l'indécence affectée des accoutrements que M. le duc et Mme la duchesse. »

VI

LE DEUIL AU XVIIIᵉ SIÈCLE.

Si nous voulons savoir ce que fut le deuil pendant la majeure partie du dix-huitième siècle, consultons le livre le plus complet et le plus précis qui existe sur la matière, *l'Ordre chronologique des deuils de la cour*, publié en 1765. Voici ce que nous y lisons :

« On ne portait les grands deuils que pour père et mère, grand-père et grand'mère, mari et femme, frère et sœur. On appelait grands deuils ceux qui se partagaient en trois temps, la laine, la soie et le petit deuil. Les autres deuils ne se partageaient qu'en deux temps, le noir et le blanc. Jamais on ne drapait dans ces derniers deuils, et, toutes les fois qu'on ne drapait point, les femmes pouvaient porter des diamants, et les hommes l'épée et la boucle d'argent.

« Le grand deuil de père et de mère était de six mois. Pendant les trois premiers mois, on portait la laine en popeline ou ras de Saint-Maur, la garniture d'étamine avec effilé uni, la coiffe pendante, les mantilles de même étoffe, ainsi que l'ajustement ; les manches de crêpe blanc, garni d'effilé uni, pendant les six premières semaines. Si c'était en robe, on portait les bonnets, les barbes, les manches et le fichu de crêpe blanc, garnis d'effilé uni.

« Au bout de six semaines, on quittait la coiffe, on prenait des barbes frisées et on pouvait mettre des pierres noires.

« Les trois mois finis, on prenait la soie noire pour six semaines ; le poil de soie en hiver, le taffetas de Tours en été, avec les coiffures, manches, fichu de gaze brochée, garnis d'effilé découpé, soit en grand habit, soit en robe.

« Les six dernières semaines étaient de petit deuil. On portait le noir ou le blanc avec la gaze brochée et les agréments pareils. On pouvait alors porter des diamants.

« L'étiquette des deuils des grands-pères

et des grand'mères était la même, mais le deuil n'était que de quatre mois et demi. Six semaines en laine, six en soie, et six en petit deuil.

« Pour frères et sœurs, la laine pendant trois semaines : quinze jours la soie, huit jours le petit deuil.

« Pour oncles et tantes, le deuil était de trois semaines, et pouvait se porter en soie ; quinze jours avec effilé, sept jours avec gaze brochée ou blonde.

« Le deuil des cousins germains durait quinze jours : huit avec effilé, sept avec gaze brochée ou blonde.

« Pour oncles, à la mode de Bretagne, onze jours : six en noir, cinq en blanc.

« Pour cousins issus de germain, huit jours : cinq en noir, trois en blanc.

« Le deuil des maris était d'un an et six semaines. Pendant les six premiers mois, les veuves portaient le ras de Saint-Maur, de laine, la robe à queue retroussée par une ganse attachée au jupon sur le côté, et que l'on faisait ressortir par la poche ; les plis de

la robe étaient arrêtés par devant et par derrière ; les deux de devant joints par des agra-
fes ou des rubans ; les manches en pagode ;
la coiffure en batiste à grands ourlets ; les
manches plates à un rang et à grand ourlet ;
le fichu de batiste aussi à grands ourlets ; une
ceinture de crêpe noir, agrafée par devant
pour arrêter les plis de la taille, les deux
bouts pendant jusqu'au bas de la robe ; une
écharpe de crêpe plissé par derrière ; la grande
coiffe de crêpe noir ; les gants, les souliers,
les boucles bronzées ; le manchon revêtu de
ras de Saint-Maur, sans garniture, et l'éven-
tail de crêpe.

« Les six autres mois, la soie noire, les manches et garniture de crêpe blanc, et les pierres
noires, si l'on voulait.

« Pendant les six dernières semaines, le noir
et le blanc uni ; la coiffure et les manches de
gaze brochée ; les agréments ou tout noirs ou
tout blancs, au choix de la veuve.

« Les antichambres devaient être tendues
de noir ; la chambre à coucher, et le cabinet,
de gris pendant un an ; les glaces cachées
pendant six mois. Les veuves ne pouvaient

paraître à la cour qu'au bout des six premiers mois.

« Le deuil des femmes se portait pendant six mois. L'homme veuf devait porter l'habit et les bas de laine ; les manchettes de batiste à ourlet plat ; l'épée, les souliers et les boucles bronzées ; une grande cravate unie ; les grandes et les petites pleureuses. On quittait les grandes après les trois premières semaines.

« Au bout de six semaines, les bas de soie noire, les manchettes effilées, mais toujours l'épée et les boucles noires.

« Les six semaines suivantes, l'habit de soie noire, l'épée et les boucles d'argent, et, pendant les six dernières, l'habit coupé ou le petit deuil ; les bas de soie blancs.

« Les hommes pouvaient paraître à la cour dès les premiers jours de leur deuil... Il n'y avait d'exception à ces règles que pour les deuils des parents dont on héritait. Le deuil d'un frère, par exemple, n'était que de six semaines ; mais, si l'on en héritait, il était de six mois, comme celui de père et mère.

« Les deuils généraux imposés par l'étiquette

de cour étaient partagés en trois temps : la
laine, — la soie et les pierres noires, — le
petit deuil et les diamants.

« Dans les deuils où l'on ne drapait point,
les femmes portaient les diamants; les hommes,
l'épée et les boucles d'argent.

« Dans les deuils dont les jours forment un
nombre pair, par exemple si le deuil était de
six jours, on prenait le noir pendant la première moitié et le blanc ou le petit deuil
pendant la seconde. Dans les deuils dont les
jours était impairs, la plus forte moitié était
en noir; par exemple, si le deuil était de
quinze jours, on portait le noir les huit
premiers jours et le blanc les sept jours sui-
vants. »

Un chapitre assez curieux du *Tableau de
Paris*, de Mercier, publié de 1781 à 1788, nous
dit ce qu'étaient les mœurs du deuil à Paris
quelques années avant la révolution de 1789.

« Autrefois, écrit Mercier en son style déclamatoire, les femmes qui avaient perdu leurs maris n'auraient osé paraître, même en grand deuil, aux promenades publiques.

« Il y avait, aux Champs-Elysées, l'Allée des Veuves, allée sombre et solitaire, où il ne leur était permis de se promener qu'après dîner, pour prendre l'air et puis rentrer chez elles. Mais l'on voit aujourd'hui des femmes en crêpes paraître à nos spectacles. D'autres font de leurs deuils un sujet de parures ; elles donnent au deuil d'un mari l'air d'un deuil de cour. Le défunt n'en obtient pas davantage : ce reste de décence n'est pas observé par des femmes qui, plus jalouses de leurs attraits que de respect pour l'honnèteté publique, bravent, après le décès de leurs époux, des lois qu'elles ont méconnues pendant leur mariage. Cette conduite des femmes achève de leur faire perdre la considération dont elles jouissaient ; le mariage, qui était une règle, est à la veille de devenir une exception.

« On a profané le deuil ; cet emblème de la douleur n'est plus qu'une mode, un faste, un changement d'habit, tel qu'on le pratique lorsqu'on joue une comédie. Oh ! qu'un censeur public serait nécessaire pour conserver à la mémoire des morts ce respect dont l'oubli est la plus grande dépravation des mœurs.

« ... Une marquise disait, ce matin, à sa femme de chambre : « Voilà un deuil qui, de- « puis quinze jours, m'ennuie bien ; mais, dis- « moi donc, Rosette, de qui suis-je en deuil? » Et Rosette le lui apprit.

« Enfin, la bizarrerie se mêle à ces témoignages de la douleur, respectés chez toutes les autres nations de la terre. M. de Brunoy, ayant perdu sa mère, fit venir des tonneaux d'encre et mit en deuil les jets d'eau de son parc, en les teignant de cette couleur lugubre. »

Nous soupçonnons fort Mercier, ce grognon détracteur de son époque, d'avoir exagéré les choses et poussé trop au noir cette partie de son tableau comme beaucoup d'autres. Quoi qu'il en soit, il est avéré qu'en France, et particulièrement à Paris, le culte des morts et l'observance du deuil furent toujours pratiqués plus rigoureusement qu'en toute autre nation.

*
* *

D'un autre côté, empruntons, à propos d'une époque très-rapprochée de celle-là, deux passages aux *Mémoires de M^{mo} Campan;* nous y trouvons un aperçu de ce qu'étaient devenus les deuils de cour.

Lors de la mort du dauphin, fils de Louis XV, en 1765, « la dauphine, sa femme, fut pénétrée de la plus vive douleur. Cependant elle donna à ses regrets un caractère de désespoir immodéré qui fit généralement soupçonner que la perte de la couronne entrait pour beaucoup dans la cause de ses regrets. Elle refusa longtemps de manger assez pour subsister ; elle entretenait ses larmes par des portraits du dauphin, placés dans tous les endroits solitaires de son appartement. Elle le fit représenter pâle et près d'expirer, et ce tableau était au pied de son lit, sous des draperies de drap gris, qui faisaient l'ameublement de la chambre des princesses en deuil. Leur grand cabinet était en drap noir, avec une estrade, un dais et un fauteuil sur lequel elles recevaient les compliments de condoléance après le temps du premier grand deuil. »

A l'époque de la mort de Louis XV, son petit-fils Louis XVI, nous dit Mme Campan, « quoiqu'il n'eût pas encore joui des droits d'époux, commençait à être fort attaché à la reine (Marie-Antoinette). Les premiers temps d'un deuil si imposant, ne permettant pas de prendre le délassement de la chasse, il lui proposa des promenades dans les jardins de Choisy; ils sortirent maritalement, le jeune monarque donnant le bras à la reine, accompagnés d'une suite peu nombreuse. L'influence de l'exemple sur l'esprit des courtisans produisit un si grand effet, qu'on eut le plaisir de voir dès le lendemain plusieurs époux très-anciennement désunis, et pour de bonnes raisons, se promener sur la terrasse avec cette même intimité conjugale. Ils passaient ainsi des heures entières, bravant par flatterie l'insupportable ennui de leurs longs tête-à-tête.

« ... Un bijoutier à la mode fit une grande fortune en vendant des tabatières de deuil où le portrait de la jeune reine, placé dans une boîte noire, faite de chagrin, amenait le calembour suivant : *La consolation dans le chagrin.* »

Le régime des deuils privés, que nous avons indiqué au commencement de ce chapitre, se continua, à peu de modifications près, jusqu'à la Révolution. De ce que fut le deuil sous la première république, aucun des livres publiés sur les mœurs et les modes de cette période, aucun ne nous dit un traître mot. On nous parle seulement de quelques deuils publics sans nous parler du costume : ainsi, l'Assemblée constituante prit le deuil pour trois jours, les 14, 15 et 16 juin 1790, à l'occasion de la mort de Benjamin Franklin, à l'imitation des États de l'Union américaine, qui l'avaient porté pendant deux mois. Il y eut aussi deuil public en France lors de la mort de Washington et, plus tard, à l'occasion de la mort de Lafayette. Une loi de 1830 instituait un deuil en l'honneur des morts des trois journées de Juillet. Enfin, nous avons vu un deuil spontané et fort touchant porté par la majeure partie des grandes familles du faubourg Saint-Germain, à l'occasion de la mort de Charles X. — Un grand nombre de familles de la bourgeoisie parisienne portèrent aussi le deuil lors de la mort si malheureuse du duc d'Orléans, le 13 juillet 1842.

VII

GUIDE DU DEUIL ACTUEL.

Au risque de la faire paraître quelque peu aride, nous avons cru devoir donner à cette dernière partie de notre travail la forme d'un manuel, afin qu'elle puisse servir de guide précis et pratique aux personnes qu'une perte douloureuse met dans la nécessité de pourvoir tant aux apprêts d'une cérémonie funèbre qu'à l'organisation d'un deuil quelconque.

La première démarche à faire aussitôt après la mort d'un proche parent, est la déclaration à la mairie de l'arrondissement, déclaration du décès, pour laquelle on doit être assisté de deux témoins habitant le quartier. L'employé du bureau des décès reçoit cette déclaration indiquant exactement les noms, prénoms, âge et lieu de naissance de la personne décédée, (autant que possible, il faut se munir de l'acte de naissance ou de l'acte de mariage du défunt), et remet au déclarant un avis pour le médecin des morts, qui sera chargé de constater le décès, et un bulletin d'ordre pour l'inhumation.

Avec ce bulletin, on s'adresse soit à l'administration des Pompes funèbres, soit à une des agences qu'elle a dans le voisinage de toutes les mairies. Ces agences soumettent aux intéressés des feuilles de devis tout imprimées et des tarifs sur lesquels sont inscrits et cotés tous les objets usités dans les cérémonies funèbres, suivant les diverses classes des convois, dont la représentation dessinée figure en tête de chaque tarif. On choisit la classe, on indique les accessoires qu'on désire, on débat les prix avec l'agent, qui se charge aussi, si l'on veut, des démarches à faire auprès de l'administration municipale pour l'obtention d'un terrain, soit par concession temporaire, soit à perpétuité.

Quant à la cérémonie religieuse, l'agent, qui

a en sa possession tous les tarifs des églises et des temples, s'il y a lieu, se charge aussi, si on le veut bien, d'y pourvoir sans augmentation de frais.

Ces conventions arrêtées, le jour et l'heure de l'inhumation fixés, on s'occupe de la rédaction de la lettre d'invitation aux obsèques.

La forme de ces lettres a beaucoup varié, même depuis cinquante ans ; aujourd'hui l'usage a consacré la forme simple, précise et laconique dont voici le modèle :

M

Vous êtes prié d'assister aux convoi, service et enterrement de.........(Monsieur, Madame ou Mademoiselle)..........(prénoms).........(nom); (s'il s'agit d'une dame, nom de famille, épouse de M..........nom du mari)........(profession, titres qualités).......... décédé à.........le.......(date) à l'âge de......... (s'il y a lieu, muni des sacrements de l'Église)......... qui se feront en l'église de........sa paroisse, le....... (jour et date), à.........heures précises. (Avoir soin d'ajouter le mot *précise*, parce que longtemps on fut dans l'usage de mettre sur les lettres une indication précédant d'une heure l'heure réelle de la cérémonie.)

On se réunira à la maison mortuaire, rue..........;
n°.....

De la part de M......... (liste de toute la parenté, en commençant par l'époux survivant, puis les enfants et les parents les plus proches, de degré en degré).

Ces lettres n'étaient généralement adressées qu'aux hommes, parce que, jusqu'en 1854, les hommes seuls allaient aux enterrements ; à peine voyait-on quelques femmes assister au service religieux ; mais, depuis cette époque, les dames ayant pris l'habitude d'accompagner le corps du défunt non-seulement jusqu'à l'église, mais encore jusqu'au cimetière, les billets d'invitation portent maintenant l'adresse de *Monsieur et Madame*.

Quand on a fait les premières démarches relatives à l'inhumation, on fait choix de l'architecte ou du marbrier qui sera chargé de construire le monument funèbre et de pourvoir aux premiers travaux provisoires, il faut s'occuper immédiatement du deuil de la famille et de la maison. Ce soin, particulièrement en ce qui concerne les deuils féminins, est généralement confié aux dames.

LETTRE DE FAIRE-PART.

Bien que l'envoi de la lettre de faire-part ait lieu quelques jours après le décès, nous en donnerons dès à présent la formule pour n'avoir pas à y revenir.

Ces lettres s'impriment soit en typographie, soit en lithographie, soit en simple autographie, sur papier à lettres encadré de noir; on les adresse non-seulement à toutes les personnes avec qui le défunt était en relations, mais encore à ses collègues professionnels; on en remet aussi un certain nombre à chacun des membres de la famille pour les adresser à leurs amis et aux personnes de leur connaissance.

Voici comment l'usage veut qu'on rédige ces lettres :

(Nota. Les numéros indiquent les degrés de parenté : 1 premier degré ascendant ou descendant; 2 deuxième degré, frères ou sœurs; 3 troisième degré, beaux-frères ou belles-sœurs; 4 quatrième degré, oncles ou tantes;

5 cinquième degré, neveux ou nièces ; 6 sixième degré, cousins ou cousines.)

M

Monsieur X. (1).........(titres ou qualité, surtout les titres honorifiques, qui se mettent à la suite de chaque nom) et Mme X. (1)............ Monsieur A. (3).........et Madame A. (2)..........née X...........; Mademoiselle Hortense X. (2)..........Monsieur B. (4).........Monsieur Germain X. (5)............Mademoiselle Jeanne X. (5).........Monsieur C. et Madame C. (5).......... Monsieur et Madame D............de L. (6).......Monsieur et Madame F. (6)...........et leurs enfants ; Mademoiselle L. (6)......

Ont la douleur de vous faire part de la perte qu'ils viennent de faire en la personne de M. Auguste-Charles X..........., notaire, chevalier de la Légion d'honneur, leur père, beau-père, beau-frère, frère, oncle, neveu et cousin, décédé (*) en son domicile, à.........le........ à l'âge de cinquante ans.

Requiescat in pace.

(*) On peut, s'il y a lieu, mettre là : *Muni des sacrements de l'Eglise.*

A LA SCABIEUSE

PREMIÈRE

MAISON DE DEUIL

DE PARIS

FONDÉE EN 1817

J. MARQUERIE

10 RUE DE LA PAIX, 10

PARIS

LES DAMES QUI DÉSIRENT NE PAS SORTIR ET N'AVOIR A S'OCCUPER D'AUCUN DÉTAIL DE DEUIL, N'ONT SIMPLEMENT QU'A NOUS ÉCRIRE D'ENVOYER CHEZ ELLES.

———

UNE PERSONNE ACCOUTUMÉE A CETTE DÉLICATE MISSION SE REND IMMÉDIATEMENT A L'ADRESSE INDIQUÉE, AVEC D'IMMENSES CAISSES CONTENANT TOUT FAITS LES ARTICLES NÉCESSAIRES A UN DEUIL COMPLET.

———

VASTES SALONS AU PREMIER POUR LA VENTE DES CHAPEAUX, ROBES ET MANTEAUX.

———

Nous nous chargeons également

DES DEUILS

POUR LA FRANCE ET L'ÉTRANGER

———

ENVOI FRANCO CONTRE REMBOURSEMENT, A PARTIR DE 25 FRANCS.

COMPTOIR DE ROBES

Robes longues avec crêpe anglais, Costumes avec crêpe anglais, Costumes simples, Robes princesses, Robes de chambre, Jupes et Jupons.

CONFECTIONS

Grands Vêtements avec crêpe anglais, Vestes de maison.

COMPTOIR DE FOURRURE

Manteaux, Rotondes, Manchons, Cols.

MODES

Chapeaux, Coiffures, Bonnets, Voiles et Voilettes de tous genres. Nœuds de tête. Plumes et Fleurs pour deuil.

LINGERIE

Parures, Ruches, Cols, Manches et Poignets, Plissés de toutes hauteurs, Fichus en crêpe de Chine, Draperies et Articles pour toilette de dîner et soirée.

BIJOUTERIE

Bijoux de jais et de bois durci, Parures assorties, Bandeaux, Bracelets, Colliers, Peignes, Aigrettes et Garnitures d'Epingles pour Ornements de Coiffures.

ARTICLES DIVERS

Éventails, Porte-Monnaie, Porte Cartes, Sacs en cuir pour grand deuil, Parapluies et En-cas,

Ombrelles de toilette garnies de crêpe effilé et dentelle.

ARTICLES DE FANTAISIE

Vestes de laine, Capelines, Sorties de théâtre, Châles, Rotondes et Fichus. Articles anglais et des Pyrénées.

MOUCHOIRS

Mouchoirs de grand deuil, avec large bande noire et vignettes; Mouchoirs pour toilette, brodés, garnis de guipure et Chantilly. Spécialité de Chiffres brodés avec monogrammes et armoiries.

CRAVATES

Cravates de grenadine, crêpe de Chine, Surah et étoffes mates pour grand deuil. Nœuds de crêpe et de grenadine. Châtelaines et Foulards de toutes grandeurs.

DENTELLES

Châles, Fichus, Mantilles et robes de dentelle. Guipures et Dentelles de toutes hauteurs.

GANTERIE

Gants de chevreau, Suède, soie, drap et filoselle

SPECIALITY FOR ENGLISH LADIES WIDOW'S

BONNETS, CAPS

COLLARS, BUFFS AND RUCHES

ENVOI FRANCO CONTRE REMBOURSEMENT, A PARTIR DE 25 FRANCS.

DURÉE DES DEUILS

GRANDS DEUILS.

Deuil de veuf, un an.

Deuil de veuve, un an plus six semaines.

Deuil de père et de mère, un an.

Deuil de beau-père et de belle-mère, un an.

Deuil de grand-père et de grand'mère, six mois.

Deuil de frère et de sœur, six mois.

Deuil de beau-frère et de belle-sœur, six mois.

Deuil d'enfant, six mois.

Il est d'usage que le père et la mère portent le deuil de leurs enfants.

Dans les grands deuils, les domestiques doivent porter le deuil, les appartements doivent être ornés de tentures de couleurs sombres, les voitures et les équipages également ; on ne les drape plus à l'extérieur.

Le papier à lettres, les enveloppes, les cartes de visite sont encadrés de noir.

DEUILS ORDINAIRES.

Deuil d'oncle et de tante, trois mois.

Deuil de cousin germain, six semaines.

Deuil de cousin issu de germain, trois semaines.

DEUIL DE COUR.

Les DEUILS DE COUR sont réglés par le Souverain et se portent généralement en soie.

Les Fonctionnaires et les Militaires en uniforme portent un Crêpe au bras et à l'épée.

Les Ecclésiastiques portent un Crêpe au chapeau.

DEUIL DE VEUVE (un an et six semaines).

LES SIX PREMIERS MOIS.

EN HIVER.

Robes de laine noire, en cachemire pur, cachemire d'Ecosse, mérinos, cachemire de l'Inde, vigogne, vénitienne, velours royal, reps épinglé, velours de laine, velours d'Alma, drap Sultane, popeline tout laine, Valencias, etc., etc.

Châles noirs, longs, en cachemire pur ou en mérinos.

Confections en cachemire ou en étoffe pareille à la robe, garnies de crêpe anglais.

Chapeaux crêpe anglais, grands voiles.

Echarpes crêpe anglais.

Bonnets avec barbes.

Cols et *Manches* à biais, en crêpe anglais.

Gants de soie noire ou peau de Suède.

Bas noirs en soie ou en filoselle.

Mouchoirs à vignettes, avec larges ourlets noirs.

Bijoux en jais ou en bois durci.

Manchons astrakan, castor ou sibérienne.

Bourses, Porte-Monnaie et *Éventails.*

EN ÉTÉ.

Robes de laine noire, en cachemire, valencias, batiste de laine, crêpe de laine, bombazine, radzimir, crêpe d'Espagne, bysantine, voile, barége des Pyrénées, grenadine de laine, Paramata, etc.

Châles en cachemire pur, cachemire d'Écosse, crêpe de laine garni de grêpe anglais, barége des Pyrénées, etc.

Confection en cachemire ou en étoffe pareille à la robe, garnie de crêpe anglais.

Chapeaux crêpe français, grands voiles.

Echarpes crêpe français.

Bonnets avec barbes, *Cols* et *Manches* à biais, en crêpe français.

Gants de Suède noirs; *Bas* noirs, en soie ou en filoselle.

Mouchoirs à vignettes, avec larges ourlets noirs.

Ombrel'e couverte de crêpe anglais.

Bijoux en jais ou en bois durci.

Bourses, Porte-monnaie et *Éventails.*

LES TROIS MOIS SUIVANTS.

EN HIVER.

Robes noires en popeline d'Irlande, popeline de Lyon, sicilienne, armure laine et soie, velours épinglé, coteline, pacha, toile de Bade, épinglé, popeline de Paris, etc.

Châles longs ou carrés, en mérinos ou cachemire, unis, festonnés ou brodés.

Confections ou *Burnous* en cachemire ou en étoffe pareille à la robe, garnis de jais, broderie, passementerie, fourrure noire.

Chapeaux en royale, feutre et faye, garnis de crêpe.

Voiles grenadine, avec biais de crêpe crêpé ou crêpe lisse.

Bonnets en crêpe lisse ou en grenadine, avec ourlets.

Manches et *Cols* en grenadine.

Gants de chevreau ou *Gants* de Suède.

Mouchoirs blancs, brodés noir.

Bijoux de jais.

Manchons en astrakan, castor, sibérienne.

Bourses, Porte-monnaie et *Éventails*.

EN ÉTÉ.

Robes noires, en poil de chèvre, taffetaline, épingline, missourienne, mohair, alpaga, paramata, popeline des Indes, bysantine, florentine, grenadine de laine, etc.

Châles noirs carrés, en grenadine de laine ou en grenadine de soie, festonnés ou brodés.

Confections ou *Burnous* en grenadine de laine ou en étoffe pareille à la robe.

Chapeaux en grenadine ou en crêpe lisse.
Voiles en grenadine ou en crêpe.
Bonnets grenadine ou crêpe lisse.
Manches et *Cols* en grenadine.
Gants de Suède ou chevreau.
Mouchoirs blancs, brodés noir.
Ombrelles noires.
Bijoux de jais.
Bourses, Porte-Monnaie et *Éventails.*

LES TROIS MOIS APRÈS.

EN HIVER.

Robes de soie noire unie, en drap de France, poult de soie,
armures, drap de Lyon, alcyonnes, radzimir anglais.
Confections de soie, garnies de passementeries, broderies,
dentelles, plume et fourrure.
Chapeaux en guipure, en dentelle, en crêpe ou en grenadine,
brodés de jais, avec ornement de plume ou de fleurs.
Manches et *Cols* en dentelle ou parures de guipure brodées
de jais.
Bijoux de jais.
Gants de chevreau ou de Suède.
Bourses, Porte-monnaie et *Éventails.*

EN ÉTÉ.

Robes taffetas noir, grenadine de soie, gaze de Chambéry,
crêpe de Chine, popeline des Indes.

Confections ou *Burnous* en grenadine de soie ou en crêpe de Chine, armure crépon.

Châles de dentelle Lama et de Yack.

Chapeaux grenadine, paille, dentelle ou tulle brodé.

Coiffures noires, en dentelle et jais.

Cols et *Manches* en dentelle.

Bijoux de jais.

Ombrelles noires.

Bourses, Porte-monnaie et *Éventails.*

LES SIX DERNIÈRES SEMAINES.

Demi-Deuil.

EN HIVER.

Robes de soie brochée ou rayée noir et blanc, noir et pensée gris russe, violet, etc.

Chapeaux demi-deuil.

Cols et *Manches* demi-deuil.

Gants gris ou violets.

EN ÉTÉ.

Robes de soie fantaisie, grisaille, chiné blanc et noir, gris lavande, lilas.

Robes de gaze Chambéry, grenadine de soie, jaconas, mousseline, organdis blanc et noir, et blanc et lilas.

Chapeaux demi-deuil.

Cols et *Manches* demi-deuil.

Gants gris ou violets.

Ombrelles demi-deuil.

Bourses, Porte-monnaie et *Éventails.*

DEUIL DE PÈRE ET MÈRE, BEAU-PÈRE ET BELLE-MÈRE
(un an).

LES SIX PREMIERS MOIS.

EN HIVER.

Robes de laine noire, en cachemire pur, cachemire d'Ecosse, mérinos, vigogne, cachemire de l'Inde, vénitienne, velours royal, reps épinglé, velours de laine, velours d'Alma, drap Sultane, popeline de laine, valencias, etc.

Châles noirs, longs, en mérinos ou en cachemire pur.

Confections en cachemire pur ou en étoffe pareille à la robe, garniture d'étoffe ou de crêpe anglais.

Chapeaux de crêpe anglais ou de crêpe français.

Voiles assortis aux chapeaux.

Bonnets en crêpe crêpé ou crêpe lisse.

Gants de soie ou de Suède.

Bas noirs, en soie ou en filoselle.

Mouchoirs à vignettes noires.

Bijoux de jais ou de bois durci.

Manchons astrakan, castor et sibérienne.

Bourses, Porte-monnaie et *Éventails.*

EN ÉTÉ.

Robes de laine noire ou en cachemire, batiste de laine, valencias, crêpe de laine, crêpe d'Espagne, bombazine, paramata, byzantine, barège des Pyrénées, grenadine de laine.

Châles longs, en cachemire pur, cachemire d'Écosse, crêpe de laine, grenadine de laine, bagnos, garnis de crêpe anglais.

Confections en cachemire ou en étoffe pareille à la robe garnie de crêpe anglais et fourrure noire.

Chapeaux de crêpe anglais ou de crêpe français.

Voiles assortis aux chapeaux.

Bonnets en crêpe crêpé ou en crêpe lisse.

Gants de soie ou de Suède.

Bas noirs, en soie ou en filoselle

Mouchoirs à vignettes noires.

Ombrelles noires.

Bijoux de jas ou de bois durci.

Bourses, Porte-monnaie et *Éventails.*

LES TROIS MOIS SUIVANTS.

EN HIVER.

Robes de soie noire unie, en drap de France, Alcyonne, radzimir anglais, etc.

Poult de soie, armures, drap de Lyon, Sicilienne, etc.

Confections de soie garnies de passementeries ou de dentelles.

5*

Châles de dentelle Lama ou de Yack.

Chapeaux grenadine, paille ou crêpe lisse, brodés de jais, avec plumes ou fleurs.

Coiffures noires, en dentelle ou en jais.

Cols et *Manches* en dentelle ou brodés de jais.

Bijoux de jais, *Gants* de chevreau.

EN ÉTÉ.

Robes de taffetas noir, grenadine de soie, gaze de Chambéry, crêpe de Chine, foulard tissé, Louisine, Popeline des Indes.

Confections ou *Burnous* en grenadine de soie ou en crêpe de Chine, Armure crêpon.

Châles de dentelle Lama ou de Yack.

Chapeaux grenadine, paille ou crêpe lisse, brodés de jais, avec plumes ou fleurs.

Coiffures noires, en dentelle ou en jais.

Cols et *Manches* en dentelle ou brodés jais.

Bijoux de jais, *Ombrelles* noires, *Gants* de chevreau.

Bourses, Porte-Monnaie et *Éventails.*

LES TROIS DERNIERS MOIS.

EN HIVER.

Robes de soie fantaisie, brodées, rayées noir et blanc, Sicilienne, Alcyonne, Radzimir, noir et blanc.

Faye gris russe ou pensée.

Chapeaux demi-deuil.

Cols et *Manches* demi-deuil.
Gants gris ou violets.

EN ÉTÉ.

Robes de gaze Chambéry, grenadine de soie, jaconas, et organdis demi-deuil.
Chapeaux demi-deuil.
Cols et *Manches* demi-deuil.
Gants gris ou violets.
Ombrelles demi-deuil, *Éventails.*

DEUIL DE GRAND-PÈRE ET DE GRAND'MÈRE, DE FRÈRE, SŒUR, BEAU-FRÈRE ET BELLE-SŒUR.
(Six mois).

LES TROIS PREMIERS MOIS.

EN HIVER.

Robes noires, en popeline d'Irlande, Sicilienne, coteline, popeline de Lyon, popeline de Paris, etc., etc.
Châles noirs, longs ou carrés, en cachemire pur ou mérinos, unis, festonnés ou brodés.
Confections en cachemire ou en étoffe pareille à la robe, garnies de jais, broderie ou fourrure noires ou de passementeries.

Chapeaux de crêpe lisse ou de grenadine soie, garnis de biais.

Voiles assortis aux chapeaux.

Bonnets ou *Coiffures* en crêpe lisse ou grenadine.

Cols et *Manches* en grenadine.

Gants de Suède ou chevreau, noirs.

Bijoux en jais ou en bois durci.

Bourses, Porte-monnaie et *Porte-cartes.*

EN ÉTÉ.

Robes noires, en sultane, toile de Bade, popeline des Indes, grenadine de laine, etc., etc.

Confections en cachemire ou pareilles à la robe, garnies de jais, de passementerie et broderies.

Châles longs ou carrés, en cachemire, grenadine de laine, bysantine, unis, festonnés ou brodés.

Chapeaux de crêpe lisse ou de grenadine soie.

Voiles assortis aux chapeaux.

Bonnets ou *Coiffures* en crêpe lisse ou en grenadine.

Cols et *Manches* en grenadine.

Gants de Suède ou chevreau, noirs.

Bijoux en jais ou bois durci.

Ombrelles noires.

Bourses, Porte-monnaie et *Éventails.*

LES TROIS DERNIERS MOIS.

EN HIVER.

Robes de soie noire ou fantaisie, en moire antique, rayée ou façonnée, en faye ou taffetas, gris russe ou pervenche.

Chapeaux demi-deuil.

Cols et *Manches* demi-deuil.

Gants gris ou violets.

EN ÉTÉ.

Robes de soie noire ou fantaisie, chinée ou rayée, taffetas gris ou lilas, gaze de Chambéry, jaconas ou mousseline demi-deuil.

Chapeaux demi-deuil.

Cols et *Manches* demi-deuil.

Gants gris ou violets.

Ombrelles demi-deuil.

Bourses, Porte-monnaie et *Éventails.*

DEUIL D'ONCLE ET DE TANTE (trois mois).

LES SIX PREMIÈRES SEMAINES.

EN HIVER.

Robes de soie noire, en faye, poult de soie, drap de France, Sicilienne, armures unies ou façonnées.

Confections de cachemire ou de soie noire, garnies de jais ou de passementeries.

Chapeaux tulle ou dentelle.

Cols, Manches, Coiffures en dentelle.

Gants chevreau.

EN ÉTÉ.

Robes de soie noire, en taffetas, grenadine, gaze de Chambéry, unies ou façonnées.
Confections brodées ou garnies de jais.
Chapeaux tulle ou dentelle.
Cols, Manches, Coiffures en dentelle.
Gants chevreau.
Ombrelles demi-deuil.

LES SIX SEMAINES SUIVANTES.

Demi-Deuil.

DEUIL DE COUSIN GERMAIN (six semaines).

LES TROIS PREMIÈRES SEMAINES.

Robes en soie noire ou noir et blanc.

LES TROIS DERNIÈRES SEMAINES.

En violet, gris, lilas ou fantaisies grisailles.

DEUIL DE COUSIN ISSU DE GERMAIN (trois semaines).

Ce deuil se porte comme les trois dernières semaines du deuil précédent.

DEUIL (HOMMES)

Quant au deuil des hommes, il est si simple qu'il nous suffira de quelques lignes pour mettre nos lecteurs au courant.

Le grand deuil bourgeois consiste en pantalon de drap noir, gilet de casimir noir, habit noir, cravate blanche, gants noirs, Suède ou soie, crêpe du chapeau de toute la hauteur de la forme, bijoux en jais ou en bois durci, mouchoirs à encadrement noir. Le petit deuil et le demi-deuil comportent le gilet blanc et le crêpe à mi-hauteur de la forme, les gants de chevreau, noirs gris ou lilas.

En été, le deuil des hommes admet l'habit ou le veston d'alpaga ou d'Orléans.

A LA SCABIEUSE

MAISON DE DEUIL

J. MARQUERIE, 10, rue de la Paix, PARIS

ENVOI FRANCO CONTRE REMBOURSEMENT, A PARTIR
DE 25 FRANCS.

COMPTOIR DES ÉTOFFES GRAND DEUIL

TOUT LAINE.

	LARGEUR	PRIX
Cachemire pur...............	1ᵐ 80ᶜ	de 20ᶠ. » à 45ᶠ. »
Cachemire d'Écosse des premières fabriques..............	1ᵐ 20ᶜ	de 3ᶠ.25 à 13ᶠ. »
Valencias Cachemire, fabrication exclusive................	0ᵐ 90ᶜ	de 4ᶠ.75 à 9ᶠ.50
Mérinos, genre fort, tissage mécanique, teinture de Paris........	1ᵐ	de 1ᶠ.90 à 5ᶠ.75
Mérinos des premières fabriques..	1ᵐ 20ᶜ	de 3ᶠ.90 à 12ᶠ.50
Cachemire et **Mérinos** pour châles, 10 qualités	1ᵐ 80ᶜ	de 6ᶠ.75 à 20ᶠ. »
Vénitienne, étoffe à grain de poudre.......................	0ᵐ 90ᶜ	de 5ᶠ.25 à 9ᶠ.50
Gros de Biarritz, étoffe à petites côtes, en laine cachemire........	0ᵐ 90ᶜ	de 5ᶠ.25 à 7ᶠ.75

	LARGEUR	PRIX	
Persanne, étoffe à petites côtes ouvrées en laine cachemire......	0ᵐ 90ᶜ	de 4ᶠ.25 à	8ᶠ.50
Reps épinglé, étoffe ferme à côtes en travers...............	0ᵐ 70ᶜ	de 1ᶠ.90 à	5ᶠ.75
Faye de laine, genre faye de soie en laine Thibet...............	0ᵐ 90ᶜ	de 3ᶠ.50 à	8ᶠ.50
Gros de Tours, petites côtes en travers tout laine, étoffe ferme...	0ᵐ 75ᶜ	de 1ᶠ.90 à	3ᶠ.75
Serge de laine très-solide......	0ᵐ 70ᶜ	de 1ᶠ.50 à	4ᶠ.50
— — —	1ᵐ 20ᶜ	de 5ᶠ.25 à	8ᶠ.75
Drap cachemire pour robes et manteaux double chaine, des premières fabriques...............	1ᵐ 20ᶜ	de 5ᶠ.75 à	14ᶠ. »
Draps zéphyrs pour robes ; Sedan, genre amazone, légers et moelleux......................	1ᵐ 40ᶜ	de 10ᶠ. » à	18ᶠ.50
Draps foulés, diagonales, armures, nid d'abeilles, ondulé, fongère...	1ᵐ 30ᶜ	de 7ᶠ.75 à	14ᶠ.50
Vigogne pure, étoffe de genre, souple et moelleuse............	1ᵐ 20ᶜ	de 8ᶠ.50 à	16ᶠ. ،
Vigogne pure, dessin armure...	1ᵐ 20ᶜ	de 9ᶠ.50 à	14ᶠ. »
Schuddas de l'Inde, étoffe de genre en laine cachemire pur, avec armure et grosse diagonale.......	1ᵐ 20ᶜ	de 9ᶠ.50 à	12ᶠ.50
Cachemire de l'Inde, véritable cachemire pur....................	1ᵐ 20ᶜ	de 8ᶠ.75 à	15ᶠ.75

ÉTOFFES GRAND DEUIL

LAINE ET SOIE.

	LARGEUR	PRIX	
Radzimir, étoffe chaine soie, armurée, très-solide..................	0ᵐ 90ᶜ	de 6ᶠ.50 à	10ᶠ.75

	LARGEUR		PRIX	
Epinglé, croisé gros grain, étoffe très-solide....................	0ᵐ 90ᶜ	de	6ᶠ.50 à	9ᶠ.50
Epingline, étoffe se drapant bien, très-solide....................	0ᵐ 90ᶜ	de	6ᶠ.25 à	9ᶠ.50
Paramata, étoffe habillée et légère	0ᵐ 90ᶜ	de	5ᶠ.75 à	8ᶠ.75
Bombazine américaine, habillée et légère ne prenant pas la poussière....................	0ᵐ 90ᶜ	de	7ᶠ.75 à	9ᶠ.75
Drap Havanais, dessin grain de poudre, se drapant bien et très-solide....................	0ᵐ 90ᶜ	de	6ᶠ.75 à	8ᶠ.75
Barpoor, belle étoffe habillée à reflets mats, très-solide.........	0ᵐ 90ᶜ	de	7ᶠ.50 à	9ᶠ.50
Barpoor, exclusif, très-solide.....	1ᵐ 20ᶜ	de	10ᶠ.50 à	12ᶠ.50

ÉTOFFES DE LAINE GRAND DEUIL

LÉGÈRES.

	LARGEUR		PRIX	
Bengaline.................	0ᵐ 85ᶜ	de	2ᶠ.75 à	6ᶠ.50
Voile de religieuse.........	0ᵐ 85ᶜ	de	2ᶠ.90 à	4ᶠ.75
Taffetas de Tours..........	0ᵐ 85ᶜ	de	2ᶠ.75 à	4ᶠ.75
Cretonne de laine, étoffe très-solide pour costume de voyages..	0ᵐ 85ᶜ	de	2ᶠ.50 à	4ᶠ.75
Barège de Virginie.........	0ᵐ 85ᶜ	de	2ᶠ.75 à	3ᶠ.75
Tamise.....................	0ᵐ 85ᶜ	de	2ᶠ.45 à	3ᶠ.90
Crêpe de laine, tissu souple et soutenu, très-solide..........	1ᵐ 20ᶜ	de	6ᶠ.50 à	8ᶠ.50

ÉTOFFES POUR DEUIL DE 6 MOIS

	LARGEUR		PRIX	
Toile de Bade...............	0ᵐ 70ᶜ	de	4ᶠ.75 à	7ᶠ.50
Taffetas du Maroc..........	0ᵐ 65ᶜ	de	4ᶠ.25 à	6ᶠ.75

	LARGEUR	PRIX
Taffetas japonais............	0ᵐ 65ᶜ	de 5ᶠ.75 à 7ᶠ.75
Missourienne, étoffe mate et légère très-solide..............	0ᵐ 65ᶜ	de 4ᶠ.50 à 6ᶠ.25
Japonaise cachemire...........	0ᵐ 60ᶜ	de 2ᶠ.75 à 3ᶠ.75
Chalys, rayés et façonnés, très-solide......................	0ᵐ 60ᶜ	de 2ᶠ.75 à 3ᶠ.75
Poil de chèvre, tissu brillant et ferme, uni et rayé............	0ᵐ 60ᶜ	de 2ᶠ.75 à 6ᶠ.75
Mohair pur, genre tailleur.......	1ᵐ 30ᶜ	de 5ᶠ. » à 10ᶠ. »
Mohair pur....................	0ᵐ 70ᶜ	de 2ᶠ.40 à 7ᶠ. »
Alpaga fin et léger............	0ᵐ 80ᶜ	de 1ᶠ.75 à 6ᶠ.50
— demi-lustre fort..........	0ᵐ 70ᶜ	de » 90ᶜ à 2ᶠ.90
Pacha double chaîne...........	0ᵐ 80ᶜ	de 2ᶠ.75 à 4ᶠ.75
Mohairs sergés, rayés, façonnés, œil de perdrix, etc., etc..........	0ᵐ 70ᶜ	de 2ᶠ.90 à 3ᶠ.90
Cachemire pékin satin..........	0ᵐ 60ᶜ	5ᶠ.50

ÉTOFFES LAINE ET SOIE NOIRES, HABILLÉES

	LARGEUR	PRIX
Sicilienne, magnifique étoffe soyeuse, souple, veloutée, très-solide......................	0ᵐ 60ᶜ	de 8ᶠ.75 à 14ᶠ. »
Sicilienne pour robes et manteaux	1ᵐ 30ᶜ	de 22ᶠ. » à 35ᶠ. »
Popelines dites d'Irlande, fabriquées pour **La Scabieuse**, très-solides et ne se grippant pas.....	0ᵐ 60ᶜ	de 6ᶠ.50 à 13ᶠ.50
Popeline Thibet, chaîne soie..	0ᵐ 60ᶜ	de 4ᶠ.50 à 7ᶠ.75
Coteline, tissu laine et soie à grosses côtes en travers.........	0ᵐ 70ᶜ	de 5ᶠ.75 à 8ᶠ.75
Sultane, très-solide............	0ᵐ 60ᶜ	de 3ᶠ.75 à 6ᶠ.75

ÉTOFFES DE GENRE

D'ÉTÉ ET D'HIVER

EN TISSUS TOUT LAINE TELS QUE :

	LARGEUR	PRIX
Armures, ondulées, nid d'abeilles, nattés, façonnés, fougères, chevrons, matelassés, sergés, pointillés, etc.....................	1ᵐ 20ᶜ	de 3ᶠ.75 à 9ᶠ.50

COMPTOIR DES TISSUS NOIRS

TRÈS-LÉGERS, HABILLÉS.

	LARGEUR	PRIX
Crêpe de Chine.............	1ᵐ 30ᶜ	de 25ᶠ. » à 36ᶠ. »
Armure crépon, étoffe souple pour polonaise..................	1ᵐ 20ᶜ	de 18ᶠ.50 à 25ᶠ. »
Eolienne, étoffe riche, légère, moelleuse, non transparente.....	0ᵐ 6?ᶜ	de 4ᶠ.75 à 7ᶠ.75
Popeline des Indes, demi-transparente......................	0ᵐ 60ᶜ	de 4ᶠ.25 à 7ᶠ.25
Crêpe d'Espagne, étoffe souple et mate, non transparente, très-grand deuil, 2 qualités..........	0ᵐ 60ᶜ	de 3ᶠ.90 et 4ᶠ.75
Byzantine, demi-transparente, noir mat......................	0ᵐ 60ᶜ	de 3ᶠ.50 à 6ᶠ.50
Ancien Barège, chaîne soie, fabriqué pour **La Scabieuse**...	0ᵐ 60ᶜ	de 2ᶠ.25 à 3ᶠ.25
Algérienne, rayée et façonnée...	0ᵐ 60ᶜ	de 2ᶠ.75 à 4ᶠ.75
Byzantine, florentine, pékin satin, étoffes riches..........	0ᵐ 60ᶜ	de 5ᶠ.50 à 7ᶠ.25

Grenadine, réseau fin, chaine organsin.......................... 0^m 60^c de 1^f.90 à 6^f.50

Grenadine, réseau fin pour châles et burnous arabes...... 1^m 80^c à 2^m de 6^f.75 à 14^f. »

Grenadine, réseau moyen, chaine soie très-solide.... .... 0^m 60^c de 2^f.25 à 7^f.25

Canevas, réseau moyen, chaine soie .... 0^m 60^c de 2^f.25 à 6^f.75

Canevas, gros réseau, genre américain, chaine soie, indéchirable.. 0^m 60^c de 4^f.25 à 7^f.75

Treillis, grands et petits réseaux, étoffe de genre, chaine soie pure.. 0^m 60^c de 3^f.50 à 5^f.75

Lydienne, chaine organsin...... 0^m 60^c de 3^f.75 à 6^f.75

Grenadines, Canevas, Treillis, Lydiennes, canelés, rayés, quadrillés, damassés, sergés, pointillés, carreaux en tous genres... 0^m 60^c de 3^f.75 à 7^f.75

COMPTOIR DE SOIERIES NOIRES

Cachemire lyonnais, magnifique soie noire, spéciale, garantie à l'usage, ne se graissant pas. Fabriquée par les petits-fils de C. J. Bonnet pour la maison de la Scabieuse, marques distinctives : *Lisières pensée et grenat*, marque de fabrique aux deux chefs.

	LARGEUR	PRIX
Cette étoffe existe en deux noirs différents : noir *mat*, noir *corbeau*.	0^m 63^c	de 7^f.75 à 18^f.50

Poult de soie, gros grain...... 0^m 60^c de 5^f.50 à 14^f. »

Faye très-gros grain............. 0^m 60^c de 4^f.50 à 16^f. »

	LARGEUR	PRIX
Drap de France..............	0ᵐ 60ᶜ	de 3ᶠ.90 à 13ᶠ.50
Taffetas d'Italie.............	0ᵐ 60ᶜ	de 3ᶠ.75 à 9ᶠ.75
Taffetas d'Italie, extra de C. J. BONNET et TAPISSIER...........	0ᵐ 60ᶜ	de 6ᶠ.75 à 14ᶠ. »
Gros d'Écosse, étoffe mate.....	0ᵐ 60ᶜ	de 7ᶠ.50 à 10ᶠ.75
Grain de Poudre, armure mate	0ᵐ 60ᶜ	de 6ᶠ.75 à 9ᶠ.75
Satins légers pour doublure.......	0ᵐ 50ᶜ	de 3ᶠ.25 à 5ᶠ.75
Satins pour robes, noir cuit extra..	0ᵐ 60ᶜ	de 9ᶠ.75 à 25ᶠ. »
Satin à la Reine, alcyonne, Satin de Chine...........		de 6ᶠ.75 à 14ᶠ.75
Radzimir anglais...........	0ᵐ 70ᶜ	de 14ᶠ. » à 22ᶠ. »
Gros d'Écosse, Gros d'Amérique, armures...........	1ᵐ 30ᶜ et 1ᵐ 40ᶜ	de 22ᶠ à 48ᶠ
Taffetas, poult de soie, brocards ; lampas, damas, satins; brochés, rayés, quadrillés, façonnés, haute nouveauté........	0ᵐ 70ᶜ	de 22ᶠ. » à 48ᶠ. »
Matelassés pour robes et garnitures.....................		de 8ᶠ.50 à 22ᶠ. »
Velours tramés..............	0ᵐ 50ᶜ	de 7ᶠ.75 à 15ᶠ. »
Velours tout soie, chaîne cuite...	0ᵐ 50ᶜ	de 13ᶠ.75 à 35ᶠ. »
Velours tout soie..............	0ᵐ 70ᶜ	de 30ᶠ. » à 48ᶠ. »
dᵒ dᵒ	0ᵐ 80ᶜ	de 55ᶠ. » à 90ᶠ. »
dᵒ dᵒ	1ᵐ 00ᶜ	de 110ᶠ.» à 140ᶠ.»

Velours rayés, quadrillés, façonnés, haute nouveauté.

DEMI-DEUIL

COMPTOIR DES TISSUS DE FANTAISIE HAUTE NOUVEAUTÉ DONT LA PLUPART SONT EXCLUSIFS.

	LARGEUR	PRIX
Popeline d'Irlande, de Lyon et de Bohain en toutes nuances demi-deuil.....................	0ᵐ 60ᶜ	de 5ᶠ.75 à 12ᶠ.50

LARGEUR   PRIX

Sicilienne, larg. 1^m 30^c et 0^m 60^c.
Nuances scabieuse, lilas gris perle,
gris fer, pensée et gris acier.....   de 22^f. » à 36^f. »

Articles anglais, nouveauté draperie, mohair, yack, poil de chèvre, vigogne, grenadine, gazes de Lyon et de Chambéry.

Cachemires et étoffes unies de toutes les nuances.

Mousselines, organdis, batistes, linons, jaconas, percales, etc.

Zéphir et **Oxford**, haute nouveauté.

Batiste, linon fil, noirs, unis et rayés.

COMPTOIR DE SOIERIES

DEMI-DEUIL.

Faye et **taffetas** demi-deuil de toutes nuances : gris, pensée et lilas.

HAUTES NOUVEAUTÉS EXCLUSIVES :

Taffetas rayés et quadrillés, façonnés, en noir et blanc, blanc et noir, noir et grisailles. Largeur 50 et 60 %.

Foulards sergés anglais, imprimés (propriété exclusive).

Louisines unies, rayées et façonnées.

ENVOI FRANCO CONTRE REMBOURSEMENT, A PARTIR
DE 25 FRANCS.

COMPTOIR DE CHALES

GRAND DEUIL.

Châles cachemire, longs, thibet pur.
Longueur 3ᵐ.70 en 1ᵐ.80ᶜ.............. de 100ᶠ. » à 180ᶠ. »
Châles longs, cachemire pur.
Longueur 3ᵐ.70 en 1ᵐ.80ᶜ........... de 110ᶠ. » à 190ᶠ. »
Châles longs, mérinos cachemire.
Longueur 3ᵐ.70 en 1ᵐ.80ᶜ.......... de 22.ᶠ » à 90ᶠ. »
Châles longs, mérinos cachemire.
Longueur 4ᵐ.10 en 2ᵐ.00ᶜ.......... de 35ᶠ. » à 100ᶠ. »
Châles longs, cachemire Écosse.
Longueur 3ᵐ.70 en 1ᵐ.80ᶜ........... de 20ᶠ. » à 90ᶠ. »
Châles longs, cachemire d'Écosse.
Longueur 4ᵐ.10 en 2ᵐ.00ᶜ........... de 26ᶠ. » à 100ᶠ. »
Châles carrés, vigogne pure...... 1ᵐ 80ᶜ de 35ᶠ. » à 75ᶠ. »
   dᵒ   dᵒ   cachemire pur..... 1ᵐ 80ᶜ de 60ᶠ. » à 100ᶠ. »
   dᵒ   dᵒ   dᵒ   ..... 2ᵐ 00ᶜ de 70ᶠ. » à 110ᶠ. »
   dᵒ   dᵒ   mérinos cachemire. 1ᵐ 80ᶜ de 9ᶠ.50 à 35ᶠ. »
   dᵒ   dᵒ   dᵒ   dᵒ   2ᵐ 00ᶜ de 12ᶠ.50 à 50ᶠ. »
   dᵒ   dᵒ   cachemire Écosse.. 1ᵐ 80ᶜ de 9ᶠ.50 à 35ᶠ. »
   dᵒ   dᵒ   dᵒ   dᵒ   2ᵐ 00ᶜ de 12ᶠ.50 à 45ᶠ. »

CHALES D'ÉTÉ (grand deuil).

Châles carrés, grenadine avec
   ourlets de 12 à 15 °/ de hauteur 1ᵐ 80ᶜ de 18ᶠ.50 à 45ᶠ. »
Châles carrés, grenadine avec ourlet 2ᵐ 00ᶜ de 20ᶠ. » à 50ᶠ. »
   dᵒ   dᵒ   byzantine   dᵒ   1ᵐ 80ᶜ de 20ᶠ. » à 50ᶠ. »
   dᵒ   dᵒ   dᵒ   dᵒ   2ᵐ 00ᶜ de 22ᶠ. » à 55ᶠ. »
   dᵒ   dᵒ   bagnes   dᵒ   1ᵐ 80ᶜ de 18ᶠ. » à 45ᶠ. »
   dᵒ   dᵒ   dᵒ   dᵒ   2ᵐ 00ᶜ de 20ᶠ. » à 50ᶠ. »

Un très-grand choix de **Châles noirs,** fantaisie, grenadi   crêpe de Chine, cachemire avec broderie et festons.

Grand assortiment de **Châles** et **Plaids anglais,** unis et quadrillés, **écossais,** en carrés et longs.

CHALES CONFECTIONNÉS DANS NOTRE MAISON , TR .–
GRAND DEUIL.

Châles Bysantine, ourlet crêpe anglais de 12 à 15ᶜ de haut........	1ᵐ 80ᶜ	de » 50ᶜ à » 70ᶜ
Châles Bysantine, ourlet crêpe anglais de 12 à 15ᶜ de haut........	2ᵐ 00ᶜ	de » 60ᶜ à » 90ᵉ
Châles Grenadine, ourlet crêpe anglais de 12 à 15ᶜ de haut	1ᵐ 80ᶜ	de » 50ᶜ à » 70ᶜ
Châles Grenadine, ourlet crêpe anglais de 12 à 15ᶜ de haut.......	2ᵐ 00ᶜ	de » 60ᶜ à » 90ᶜ
Châles Bagnos, ourlet crêpe anglais de 12 à 15ᶜ de haut............	1ᵐ 80ᶜ	de » 50ᶜ à » 70ᶜ
Châles Bagnos, ourlet crêpe anglais de 12 à 15ᶜ de haut............	2ᵐ 00ᶜ	de » 60ᶜ à » 80ᶜ

COMPTOIR DE LINGERIE

Plissés crêpe, unis et festonnés.

    dᵒ   grenadine festonnés.

    dᵒ   crêpe lisse mélangé blanc.

    dᵒ   tulle.

Poignets crêpe, unis, biais, plissés.

Poignets grenadine, unis, biais, plissés.

Un très-grand choix de **mouchoirs** batiste, linon, imprimés deuil.

Mouchoirs brodés, depuis 6ᶠ.50 jusqu'à 100ᶠ.

Un très-grand choix de **parures** pour robes ouvertes.

Parures complètes en Chantilly.

Capelines pour l'hiver en cachemire, satin ou Faye.

    d°   pour l'été, en jaconas noir ou noir et blanc.

Ombrelles, soie très-bonne qualité, unie
ou sergée.................................... de 7f.75 à 20f.

Ombrelles avec volants, dentelles ou effilés. de 12f. » à 40f.

Ombrelles recouvertes, tout crêpe avec un
nœud...................................... de 20f. » à 50f.

En cas, système breveté, très-solide........ de 9f.50 à 20f.

Parapluies,   d°   0m 60c............. de 12f. » à 22f.

    d°   d°   0m 65c............. de 12f. » à 40f.

Porte-monnaie, deuil, 1er choix avec fer-
metures nouvelles........................ de 4f. » à 12f.

Bourses............................. de 1f.25 à 6f.

Porte-cartes très-soignés............... de 3f.50 à 12f.

Éventails, monture ébène................ de 6f. » à 50f.

Gants Suède, 1re qualité, 2 boutons................. 3f.25.

    d°   d°   3   d°   .... 3f.75.

    d°   d°   4   d°   .... 4f.75.

    d° chevreau   2   d°   .... 4f.75.

    d°   d°   3   d°   .... 6f. ».

    d°   d°   4   d°   .... 7f. ».

    d° soie, filoselle, tricot, etc...

Nota :

COMPTOIR DES ROBES ET MANTEAUX

CHAPEAUX ET COIFFURES.

Pour toutes les commandes, nous prions les Dames de nous fournir le plus de renseignements qu'il leur sera possible ; et lors de leurs demandes d'échantillons, de nous désigner les prix, et les genres d'étoffes qu'elles désirent.

COMPTOIR D'ÉTOFFES DE DEUIL POUR DOMESTIQUES

VENDUES TRÈS-BON MARCHÉ.

	LARGEUR	PRIX
Mérinos fort, tissage mécanique...........	0ᵐ 90ᶜ et 1ᵐ	depuis 1ᶠ.90
Cachemire d'Écosse solide..............	0ᵐ 90ᶜ et 1ᵐ	» 1ᶠ.75
Drap Ottoman, étoffe ferme	0ᵐ 60ᶜ	» 1ᶠ.60
Cretonne. gros grain..	0ᵐ 80ᶜ	» 0ᶠ.95
Reps » » ..	0ᵐ 80ᶜ	» 1ᶠ.15
Alpaga, brillantine, articles anglais.........	0ᵐ 75ᶜ	» 1ᶠ.45
Orléans fort, fabrication de Roubaix......	0ᵐ 75ᶜ	» 1ᶠ.25
Percale a'sace, grand teint................	0ᵐ 85ᶜ	» 0ᶠ.95
Toile de Vichy, grand teint................	1ᵐ 10ᶜ	» 1ᶠ.60
Reps, tarlanelles pour robes du matin......	0ᵐ 60ᶜ	» 1ᶠ.25
Châles carrés mérinos, Ecosse et Tartan.....	1ᵐ 80ᶜ	» 9ᶠ.50
Châles longs mérinos, Ecosse et Tartan.....		» 18ᶠ. »
Chapeaux paramata, très-soignés.........		» 12ᶠ. »

Cols, manches assortis, prix modérés.

Bonnets de linge.

ENVOI FRANCO CONTRE REMBOURSEMENT, A PARTIR
DE **25** FRANCS.

TABLE DES MATIÈRES

Nantes. -- Imp. Vincent Forest et Emile Grimaud, place du Commerce, 4.